G

NEW WORK SE (Hrsg.)

NEW WORK Award 2021

story.one – Life is a story

story.one

1. Auflage 2021
Herausgeber:in: NEW WORK SE , Wolfram Sauer

Herstellung, Gestaltung und Konzeption:
Verlag story.one publishing – www.story.one
Eine Marke der Storylution GmbH

Gesetzt aus Minion Pro und Lato.

Printed in the European Union.

ISBN: 978-3-99087-355-7

Es gibt überall Blumen für
den, der sie sehen will.
Henri Matisse

INHALT

„Auf dem Weg zu einer besseren Zukunft der Arbeit braucht es mutige Vorbilder, die das Beste aus der Situation machen und mit New Work-Konzepten auf die tektonischen Verschiebungen des Arbeitsmarktes reagieren. Deshalb möchten wir Einzelpersonen, Teams, Organisationen und Konzepte, die einen Vorbildcharakter haben, herausstellen und sie mit dem NEW WORK Award entsprechend honorieren."

Petra von Strombeck

Co-Vorsitzende der **NEW WORK Award** Jury und CEO der **NEW WORK SE**

Vorwort

Der NEW WORK Award ist der Preis für zukunftsweisendes Arbeiten im deutschsprachigen Raum. Einmal jährlich zeichnet die NEW WORK SE Menschen, Konzepte und Initiativen aus, die Vorbilder für die Zukunft sind und den vielschichtigen Wandel der Arbeitswelt prägen.

New Work-Ansätze können dazu beitragen, eine Balance im Arbeitsalltag herzustellen und unseren Blick zu schärfen auf eine innovative Arbeitswelt, die Freude bringt. Wie gestalten wir eine humanere Arbeitswelt? Wie bekommen Menschen Lust auf neue Strukturen? Und wie bringen wir als Gemeinschaft den Strukturwandel jetzt zum Leben? Auch in den diesjährigen Bewerbungen gibt es viele mutige Antworten auf diese wichtigen Fragen.

Die Gewinner des NEW WORK Awards 2021 stellen wir in diesem Buch vor. Verliehen wurde der Award in den Kategorien NEW WORKER:IN, NEW WORK Teams und ZUKUNFTSWÜRFE, sowie der story.one Publikumsaward.

„Am Anfang war die Idee. Gesellschaftliche Transformationen haben in der Vergangenheit immer wieder mit zum Teil utopischen Ideen begonnen. Und New Work kann heute von solchen Gedanken profitieren."
Thomas Sattelberger
Schirmherr NEW WORK Award,
MdB, Politiker und Publizist

NEW WORKER:IN

Ausgezeichnet werden Einzelpersonen, die mit ihrem Schaffen Signifikantes zur New Work-Debatte oder -Entwicklung beitragen. Egal, ob Umsetzer*in oder verborgenes Juwel, ob in Unternehmen, Organisationen und Institutionen oder als Selbstständige*r – sie leben New Work. Diese Einzelpersonen begreifen wir als Systemrebellen, die Grenzen verschieben und dadurch andere dazu inspirieren, New Work-Prinzipien anzuwenden und zu implementieren. Ob selbstständig oder angestellt hinterfragen sie bestehende Arbeitsstrukturen. Mit ihrem Schaffen oder ihrem Lebenslauf stehen sie sinnbildlich für New Work und tragen signifikant zur New Work-Debatte oder -Entwicklung bei.

NEW WORK TEAMS

Ausgezeichnet werden Start-ups, Unternehmen, Institutionen oder Organisationen aus dem Profit- oder Non-Profit-Bereich, die arbeitsweltverändernde, innovative Lösungen der Zusammenarbeit gefunden haben und diese leben oder anbieten, um den Herausforderungen unserer Arbeitswelt gerecht zu werden. Mit ihren Lösungen tragen sie zu einem besseren, menschlicheren Arbeitsumfeld bei, indem sie es anderen ermöglichen, New Work-Prinzipien kennenzulernen und zu leben.

ZUKUNFTSWÜRFE

Ausgezeichnet werden Ideen und Konzepte für eine gerechte, tragfähige und nachhaltige Arbeitswelt. Sie stellen gängige Erklärungen und Annahmen in Frage und haben das Potenzial große gesellschaftliche Veränderungen anzustoßen. Die Konzepte müssen explizit noch nicht umgesetzt sein.

story.one Publikumsaward

2021 wurde zum ersten Mal ein Publikumsaward vergeben, in Kooperation mit story.one. Viele spannende und vielfältige Geschichten aus dem New Work-Kosmos sind eingegangen. Sie zeigen, welche unterschiedliche Bedeutung Arbeit für Menschen haben kann. Die Stories sind kraftvoll, sehr persönlich und holen die Leserschaft aus der eigenen Blase heraus und laden zu einem Blick über den eigenen Tellerrand ein. Die acht Geschichten, die das größte Engagement der User bewirkt haben, haben einen Platz in diesem Buch bekommen.

New Worker

Hendric Mostert

Hey, ich bin Hendric – Vertreter der Generation Y, immerhin schon 29 Jahre, New Work-Pionier, Autor und rheinische Frohnatur! Ich bin seit rund zehn Jahren in der Wirtschaft unterwegs – zuletzt in der Beratung und jetzt bei der Deutschen Bahn als Transformationsarchitekt und Agiler Coach. Wenn es um New Work geht, habe ich bisher viel erlebt und gesehen vom Großkonzern bis zu Start-ups. Ich lebe New Work.

Was mich antreibt, sind Unternehmen, die Mensch und Gesellschaft dienen, die Mitarbeiter*innen, Kund*innen und sinnvolle Produkte in den Mittelpunkt stellen. Das zu unterstützen habe ich mir zum Ziel gesetzt und verfolge dieses nicht nur in einer, sondern in mehreren Rollen. Mit der Kombination meiner Rolle bei der Deutschen Bahn als Transformationsarchitekt und Agiler Coach, New Work-Trainer und der von mir mitgegründeten Community Digital Misfits gestalte ich die Arbeitswelt der Zukunft mit.

Die Ausrichtung an einem sinnstiftenden Ziel, stärkenbasiertes Arbeiten, transparente Verantwortlichkeiten in Rollen, effektive Meetings, iterative Evolution der eigenen Struktur und Feedback- und Konfliktkompetenz bilden aus meiner Sicht die Basis für gute Arbeit. Ich befähige Menschen, Teams und Unternehmen wirksame Arbeit zu gestalten und gestärkt im Jetzt und für die Zukunft zu sein.

Als Mitgründer der Initiative Digital Misfits wollen wir jenen digitalen Talenten eine Plattform bieten, die heute noch zum großen Teil unerkannt sind. Es sind die Digital Natives, die Generation Y und jene Menschen, die nach einem Raum für Selbstverwirklichung suchen. Wir wollen Unternehmen dabei helfen, diese Talente zu verstehen, sie zu finden und zu binden. Wir wollen darüber aufklären und dafür sensibilisieren, dass diese Menschen von größter Bedeutung für die digitale Zukunft von Unternehmen sind, auch – oder vielleicht gerade dann – wenn sie keinen geradlinigen Lebenslauf aufweisen.

Als Moderator und Facilitator konzipiere und moderiere ich Veranstaltungen und Workshops. Das „neue Normal" ist digital. So habe ich meine jahrelange Erfahrung in das Remote-Setting

Verantwortung zu übernehmen. Gleichzeitig haben wir als Team viele Erfolge gefeiert und sind zum Vorbild für andere im Unternehmen geworden.

Heute möchte ich diese Erfahrung anderen ermöglichen. Meine Mission ist es, Führung in Teilzeit vom „Mutti-Image" zu befreien und zum attraktiven Erfolgsmodell für alle Beteiligten zu machen: Ich bin davon überzeugt, dass Arbeitnehmer*innen und Arbeitgeber*innen gemeinsam von flexiblen Arbeitsmodellen für Führungskräfte profitieren können.

(2. Platz Kategorie NEW WORKER:IN)

„Das Thema ‚Neues Menschenbild‘
ist das Kernthema der neuen Arbeit.“
Dr. Thomas Vollmoeller
NEW WORK Award Jurymitglied
und ehemaliger CEO der NEW WORK SE

Das Baumädchen

Sandra Hunke

Dort, wo ich aufwuchs, hatte ich mit der Modelbranche – mit Paris, London, Berlin und mit „Vogue" oder „Elle" – nicht viel zu tun. In der Schule wurde ich links liegen gelassen. Zu schlaksig, rote Haare, tausende Sommersprossen, kein Schönheitsideal der Mittelstufe. Groß, schlank, außergewöhnlich. Auch die wenigsten Topmodels von heute waren Schönheitsköniginnen auf den Schulhöfen. Die Jungs, die mich früher mobbten, schreiben mir heute glühende „Liebesbriefe" via Instagram. Zeiten ändern sich, Menschen auch. So auch Ich.

Wie alle in meiner Familie startete ich meine berufliche Laufbahn erst einmal unter dem Vorsatz „Handwerk hat goldenen Boden" und machte eine Ausbildung zur Anlagemechanikerin für Sanitär-, Heizungs- und Klimatechnik. Kaum ein Job ist konträrer zu den Catwalks der Fashionwelt als der meinige. Als irgendwann die Wahl zur „Miss Handwerk" anstand, meldete mich eine Freundin an und ich wurde prompt

Zweite. Das weckt Begehrlichkeiten. Anfragen häuften sich. Aus dem schüchternen Mädchen vom Dorf wird eine Stillikone einer ganzen Generation und einer gesamten Branche: „Das Handwerk". TV-Sender und Print-Magazine begleiten mich bei meinen zwei Berufen: Klempnerin und Model. Die Leute lieben mich für meine Bodenständigkeit, denn obwohl ich inzwischen vom Modeln sehr gut leben kann, bleibe ich dem Handwerk treu. Meine Message: Ich bin eine von Euch!

Das ist mein Erfolg. Nicht nur darüber reden, sondern machen. Als taffe Frau im Handwerk, aber auch als Model und Reiterin begeistere ich nicht nur meine Kolleg*innen, sondern Menschen weltweit. In den sozialen Medien – aber auch im TV – setzte ich mich sehr dafür ein, dass Frauen gleichgestellt werden. Von der Baustelle bis zur Konzernspitze. Und genau die Kombination aus Handwerk, Model und meinem Einsatz für Frauen im Handwerk, hat die Konzerne auf mich aufmerksam werden lassen. Inzwischen buchen sie mich weltweit als Model und Speaker und ich bin in der glücklichen Position, mir die Unternehmen aussuchen zu können, für die ich tätig bin. Haben sie wirklich echten Mehrwert für meine Follower und mich, sind sie nachhaltig und umweltbewusst? Dann stehe ich ihnen zur Verfügung. Parallel habe ich gerade mein erstes Kinderbuch mit der Erfolgsautorin Britta Sabbag geschrieben: „BELLA BAUMÄDCHEN“. Es erscheint im März 2022. „Bella Baumädchen“ war längst überfällig. Dieses Bilderbuch zeigt Kindern und insbesondere Mädchen auf, dass sie alles sein können: Auch Baumädchen.

(3. Platz Kategorie NEW WORKER:IN)

„New Work, das bedeutet für mich menschenzentriertes Arbeiten, bei dem Macht und Führung viel breiter als je zuvor im gesamten Unternehmen verteilt werden.“
Dr. Joana Breidenbach
NEW WORK Award Jurymitglied und Gründerin und „The Godmother“ vom **betterplace.org** und **betterplace lab**
SHAPING CITIES

Eine familienfreundliche Arbeitswelt

voiio

Das Gehalt allein reicht heutzutage als Wertschätzung nicht mehr aus. Deutsche Unternehmen haben längst erkannt, wie wichtig Zusatzleistungen für Arbeitnehmer*innen sind. Sie geben bereits heute jährlich mehr als 1.000 € pro Mitarbeiter*in für sogenannte Wellbeing Benefits aus. Der obligatorische Obstkorb oder eine Mitgliedschaft im Fitnessstudio: Die Bandbreite an Benefits, mit denen Unternehmen ihre Mitarbeiter*innen unterstützen können, ist groß.

Analysen zu Benefits zeigen jedoch ein paradoxes Bild: Weniger als 10 % der Gesamtausgaben fließen in Benefits im Bereich Familienfreundlichkeit, obwohl für 91 % aller Deutschen die Familie das Wichtigste im Leben ist. Wenngleich die Zahlen eine eindeutige Sprache sprechen, war es auch bei uns ein Schlüsselereignis, durch das uns selbst die Tragweite dieses Zusammenhangs erst richtig bewusst wurde.

Sommerferien 2018. Die schulfreie Zeit sollte eigentlich sorgenfrei für Eltern und einzigartig für Kinder sein, aber die Realität sah anders aus. Bei den damaligen Arbeitgeber*innen unseres Gründerteams mussten mehrere Eltern aufgrund mangelnder Kinderbetreuung ihre Kids samt Tablet im Büro „parken". Eine Situation, die uns einmal mehr klar machte: So kann und darf eine moderne Arbeitswelt nicht aussehen.

Daraus entstand voiio und unsere betriebliche Kinderferienbetreuung mit dem Ziel, Unternehmen in Deutschland familienfreundlicher zu gestalten. Seit unserem Start 2018 haben wir unser Geschäftsmodell stetig weiterentwickelt und voiio zu dem aufgebaut, was wir heute sind: eine innovative SaaS-Plattform, durch die Unternehmen ihre Mitarbeiter*innen in jeder Lebensphase und -lage der Vereinbarkeit von Beruf und Familie unterstützen können. Denn egal ob bei der Familienplanung, während der Elternzeit, bei der Kinderbetreuung, bei persönlichen Schicksalsschlägen, der Pflege nahestehender Angehöriger oder dem Renteneintritt: Jeder Mensch bewegt sich in seinem „persönlichen Spannungsfeld" aus Beruf und Familie. Hier setzen wir an – angefangen bei der Hebammensuche über die Kinderbetreuung bis hin zur psychosozialen Beratung oder der Vermittlung von Alltagshelfer*innen für pflegebedürftige Angehörige. voiio unterstützt Familien individuell bei der Vereinbarkeit von Beruf und Familie.

Unsere Lösung nutzen mittlerweile etwa 350 Unternehmen, womit wir rund 350.000 Arbeitnehmer*innen in Deutschland erreichen. Dabei generieren wir mit mehr als 40.000 Buchungen monatlich wirklichen Social Impact.

(1. Platz Kategorie NEW WORK Teams)

„Der Begriff „New Work“ steht für Kreativität, Eigeninitiative, Kollaboration und Resilienz.“
Dr. Jörg Dräger
NEW WORK Award Jurymitglied und Mitglied des Vorstandes der **Bertelsmann Stiftung**
Foto: Besim Mazhiqi

Der FSM Spirit

FSM

Vor rund zwei Jahren haben wir uns auf eine Reise begeben. Eine Reise in die Selbstorganisation. Manche sprechen auch von New Work. Unsere neue Organisationsform ist aber noch viel mehr als New Work: Es geht um eigenverantwortliche, wertschöpfende und sinnstiftende Arbeit – und das über das gesamte Unternehmen hinweg.

Als klassisch organisierter, mittelständischer Elektronikhersteller hat uns die dynamische und komplexe Arbeitswelt von heute immer mehr herausgefordert. Dem haben wir lange versucht, mittels traditioneller Maßnahmen wie neuen Abteilungen, Stabstellen und zusätzlichen Managerposten zu begegnen. Dabei waren wir ziemlich erfolglos. Marktanforderungen sind so schnelllebig und individuell, dass ein strikt in Abteilung denkendes und hierarchisch organisiertes Unternehmensmodell heute häufig zu starr ist, um hinterherzukommen.

Mit dem Ziel wieder anpassungsfähig, kundenorientiert und leistungsstark zu sein, haben wir 2019 über unser gesamtes Unternehmen hinweg einen neuen, radikalen Weg eingeschlagen. Mit über zwei Jahren Erfahrung können wir jetzt sagen: Wir haben den richtigen Weg beschritten!

Heute findest Du bei uns keine formelle Hierarchie, Abteilungen oder Budgetvorgaben mehr. Wir arbeiten selbstorganisiert in mehreren kleinen interdisziplinären Teams an den Bedürfnissen unserer Kund*innen. Wir lernen permanent voneinander und miteinander und passen uns flexibel an neue Begebenheiten an.

Unsere Reise wird wohl niemals zu Ende sein, denn wir haben noch viele Ideen dazu, was wir noch anpacken wollen. Die Koffer sind gepackt und wir sind für jedes Abenteuer gerüstet!

Kommst Du mit?

(2. Platz Kategorie NEW WORK Teams)

Expertengruppen Intensivpflege

Klinikum Passau

In der Intensivpflege finden viele Abläufe unter enormem Druck statt. Umso frustrierender ist es, wenn einige Prozesse durch das Warten auf einige wenige Entscheidungsträger ins Stocken geraten. Damit wir zukünftig weniger abhängig von einigen wenigen Entscheidungsträgern sind, haben wir Expertengruppen geschaffen, die sich in verschiedenen Themen im Bereich der Intensivpflege spezialisiert haben.

Die Abstimmung mit dem Stationsleiter oder dem Oberarzt kann jetzt in immer mehr Fällen umgangen werden, was die Prozesse beschleunigt. Ein Team besteht stets aus Experten verschiedener Bereiche, die Fachkompetenzen zu den genannten Pflegebereichen mitbringen. Es handelt sich dabei um die Gruppen, ECMO/ECLS (Extra-corporale-Mebran-Oxygenierung/Extra-Corporal-Life-support), Beatmung, Wunde, Ernährung und Bewegung/Delir. Jedem Team steht außerdem noch ein*e Expert*in zur Seite, die/der immer vor Ort ist, das ganze Team auf einen Wissensstand bringt und alle aufkommenden Fragen beantworten kann.

Es zeigte sich rasch ein enormer Motivationsschub der beteiligten Kolleg*innen und qualitative Verbesserung der pflegerischen Arbeit in allen Bereichen. Nach außen hin zeigt sich eine sehr professionelle und qualitativ hochwertige Pflege auf wissenschaftlicher Basis.

(3. Platz Kategorie NEW WORK Teams)

JOINT GENERATIONS

Dr. Irène Kilubi

Den ersten Impuls erhielt ich bereits während meines Studiums in Form einer Hausarbeit in meinem Schwerpunktfach Personalmanagement zum Thema „Age Diversity als personalpolitische Herausforderung". Auch die Arbeit meiner Mutter und meiner Schwester als Altenpflegerinnen wirkte befruchtend auf die Entstehung der Idee. Als ich selbst schließlich in die Berufswelt eintrat, fielen mir immer deutlicher die zahlreichen Vorurteile bezüglich des Alters auf:

- „So etwas Innovatives können nur junge Leute entwickeln."
- „Nur weil ich jung bin, darf ich keine Verantwortung übernehmen."
- „Wir brauchen eine junge Person in unserem Gründerteam – das macht sich gut vor Investoren."
- „Die Alten haben doch keine Ahnung von Digitalisierung."

Monatelang beschäftigte mich diese Thematik und zahlreiche Gespräche mit Personen aus meinem Netzwerk bestärkten mich immer mehr in meinem Vorhaben, ein Generationenfestival ins Leben zu rufen. Ehe ich mich versah, entwickelten sich weitere Formate und immer mehr Menschen kamen auf mich zu und fragten, wie sie mich darin unterstützen könnten, das Thema Generationenvielfalt präsenter zu machen. Und so wurde schließlich JOINT GENERATIONS geboren.

Egal wie und wo Zusammenarbeit und Kommunikation zwischen Generationen stattfindet – JOINT GENERATIONS ist dafür DEINE Plattform. Mit unseren innovativen und nachhaltigen, digitalen und analogen Formaten fördern wir den Dialog und das Miteinander zwischen Generationen in Themenbereichen wie: Entrepreneurship, Führung und Organisationskultur, Innovation, Digitalisierung und neue Technologien, Gesundheit, Mobilität und Nachhaltigkeit, u.v.m. Gesellschaftliche Verantwortung und Ethik sehen wir dabei als unser oberstes Prinzip.

Wenn (altersbedingte) Diversität, z.B. in Unternehmen, positiv beleuchtet wird, dann kann diese Vielfalt als Katalysator für die bessere Zusammenarbeit des Teams genutzt werden und sich zudem förderlich auf die Unternehmenskultur auswirken.

Überall wird heute von Gender Diversity gesprochen. Altersdiversität stellt jedoch einen ebenso integralen Bestandteil von Diversity dar. Der demografische Wandel stellt uns jetzt und in Zukunft vor große gesellschaftliche und wirtschaftliche Herausforderungen. JOINT GENERATIONS stellt das, was „Jung und Alt“ in den unterschiedlichsten (Lebens-)Bereichen verbindet in den Fokus. Nach dem Motto: „Altersvielfalt gewinnt – beruflich ebenso wie gesellschaftlich!“

(1.Platz Kategorie ZUKUNFTSWÜRFE und 1. Platz story.one Publikumsaward)

*„Ich glaube, dass die Unternehmenskultur einer Organisation DER Wettbewerbsdifferenzierungsfaktor schlechthin ist. Und damit der Hauptgrund, warum Mitarbeiter*innen kommen und bleiben. Oder nach kurzer Zeit wieder gehen."*

Gero Hesse

NEW WORK Award Jurymitglied,
Geschäftsführer **TERRITORY EMBRACE**
und HR-Blogger bei **saatkorn**

HR-Zukunftslab

Deutsche Bahn

Die Digitalisierung, aber auch weitere gesellschaftliche, ökonomische und politische Megatrends verändern unser Unternehmensumfeld in einer nie dagewesenen Geschwindigkeit. Neben der Herausforderung dieser Dynamik zu begegnen, bieten diese Entwicklungen große Chancen für die Deutsche Bahn AG (DB AG) als weltweites Mobilitäts- und Logistikunternehmen.

Zukünftig werden wir mit mehr Kapazitäten und neuen Geschäftsmodellen unseren Kunden ein noch breiteres und besseres Angebot machen können. Gleichzeitig haben diese Megatrends auch einen großen Einfluss auf unsere Berufe. Viele der heutigen Berufsbilder werden zukünftig anders oder auch gar nicht mehr existieren. Zeitgleich werden völlig neue Berufsbilder entstehen. Als Unternehmen arbeiten wir daran diese Trends heute schon zu erkennen, zu verstehen und deren Auswirkungen auf unsere heutigen Berufsbilder zu prognostizieren.

Das schaffen wir aber nich mehr mit unseren bisherigen Methoden. Gemeinsam mit externen Partnern haben wir das HR-Zukunftslab gegründet. Es wurde geschaffen, um außerhalb von lange gewachsenen, konventionellen Konzernstrukturen einen Blick in die Zukunft unserer derzeit 500 Berufe zu werfen. Das HR-Zukunftslab besteht aus etwa 20 Mitarbeiter*innen der gesamten Konzernlandschaft, die gemeinsam mit externen Kooperationspartnern außerhalb der Regelorganisation zusammenarbeiten. Wir arbeiten agil und auf Augenhöhe ohne Hierarchie zusammen – von der Geschäftsführerin bis zum Fachkräfterecruiter.

Gemeinsam haben wir eine Methode entwickelt, mit der wir ein klares Zukunftsbild der Berufe bei der DB AG und darüber hinaus zeichnen können. Hierbei schauen wir gemeinsam mit den Verantwortlichen aus der operativen Ebene und externen Experten auf Megatrends wie den demografischen Wandel, den Klimawandel und den technologischen Fortschritt, um deren Einfluss auf unsere Berufe absehen zu können. So können wir zukünftige Veränderungen in Tätigkeiten, Kompetenzen und Kapazitäten auf das Personal der DB AG einschätzen und die Zukunft der Arbeit für unsere Kolleg*innen heute schon aktiv gestalten. Das HR-Zukunftslab erachten wir deshalb als so wichtig, weil:

- wir die Verantwortung für rund 338.000 Mitarbeiter*innen tragen,
- wir durch professionelle HR-Arbeit im Wandel wettbewerbsfähig bleiben möchten,
- keiner die Auswirkungen des Wandels einschätzen kann,
- Veränderungen volatil, disruptiv und unvorhersehbarer werden und
- die Paarung von demografischem Wandel, Klimawandel und Technologie unberechenbar ist.

(2.Platz Kategorie ZUKUNFTSWÜRFE)

Gesunde Kranke

Working Evolutions GmbH

Für die Working Evolutions ist New Work Inhalt und Form. Angelehnt an „Reinventing Organizations" arbeiten wir nach einer Verfassung der Selbstorganisation, beschreiben unsere Erfahrungen im Blog und entwickeln Hilfestellungen für andere wertebasierte Organisationen, immer auch mit dem ländlichen Raum im Fokus. Wir bieten eine Plattform, die unterschiedliche Geschichten gesunder Kranker aufbereitet und sie Unternehmen zur Verfügung stellt. Hier klären wir auf und geben Antworten auf viele Tabufragen. Daraus leiten sich viele kleine und unaufregende Möglichkeiten ab, chronisch Kranken die Teilnahme im Arbeitsleben zu ermöglichen bzw. zu erleichtern.

Wir sind ein Team aus sechs Personen. Irgendwann ist uns aufgefallen, dass zwei von uns mit chronischer Krankheit leben und arbeiten – bei unserer Arbeitsweise stellt das überhaupt kein Problem dar: Monia ist offiziell nach einer Hirn-OP mit anschließender Epilepsie arbeitsunfähig, beweist aber bereits seit fast 15 Jahren, dass das bei anderen Arbeitsansätzen keine Relevanz hat. Juliane ist bi-polar und hatte in unserem Arbeitskontext, den sie sich frei gestalten kann, zum ersten Mal in einem Jahr keinen gesundheitsbedingten Ausfall.

Wir haben unsere Geschichten aufbereitet und betrachtet. Wenn auch unsere Symptome und Krankheitsbilder sehr unterschiedlich sind, gibt es große Gemeinsamkeiten: Wir überstanden eine lange Phase der Scham, die die eigentliche Arbeitsunfähigkeit darstellte. Dann lernten wir sehr viel über uns, was uns stärkt und was uns schwächt. Nach und nach integrierten wir die Krankheiten in unser Leben und unseren Arbeitsalltag, so dass sie nun einfach zu uns gehören, mit all ihren Vor- und Nachteilen. Dann suchten wir uns einen Arbeitskontext, der uns die Freiheit gibt, gut auf uns selbst zu achten. Lachend stellten wir dann fest, dass wir „gesund krank" sind und uns nach und nach immer mehr mit diesem Begriff, der als Witz begann, identifizieren.

Über unseren Blog starteten wir einen kleinen Aufruf und die Suche nach anderen gesunden Kranken. Innerhalb kürzester Zeit erhielten wir ein Dutzend Antworten von Menschen, die ebenfalls bereit sind, ihre Geschichte zu teilen. Natürlich möchten wir damit kranken Menschen, die gern arbeiten, Mut machen und einen Möglichkeitsrahmen zur Verfügung stellen.

Was uns jedoch wirklich bewegt, ist organisationaler Natur: Laut Ärzteblatt sind mehr als die Hälfte der Deutschen von einer chronischen Krankheit betroffen, was sie oftmals aus dem Arbeitsleben ausschließt. Fachliche Expertise wird jedoch nur selten von Krankheit eingeschränkt. Es sind die Arbeitsweisen, die für alle ungesund sind. Daher sind wir sicher: Nicht nur Menschen können aus Krankheit lernen, sondern auch Organisationen. Denn an den Stellen, an denen wir nicht mehr können, verlieren alle ihre Kraft – gesunde Kranke sind Seismografen für gesundes Arbeiten.

(3. Platz Kategorie ZUKUNFTSWÜRFE)

„New Work steht für Arbeiten mit Sinn, für neue Formen der Zusammenarbeit und die kluge Nutzung von Technologie. Vor allem steht New Work aber für ein positives Menschenbild."
Dr. Michael Trautmann
NEW WORK Award Jurymitglied, Co-Founder thjnk, HYROX und New Work Masterskills

Tomorrow

Fuchs Devils Wild

Zusammengefunden haben wir uns nicht erst zum NEW WORK Award. Seit einigen Jahren stemmen wir gemeinsam kleine wie große Projekte und tüfteln an ausgefallenen Ideen und Konzepten. Wir arbeiten in den Bereichen New Work und Digital Experience, in der Beratung und der Umsetzung. Wir sind verschieden, bringen unterschiedliche Hintergründe, Erfahrungen und Meinungen mit.

Aber eines hat uns zusammengeführt: Der Gedanke, dass wir die Arbeitswelt von morgen aktiv mitgestalten können. Das Bewusstsein, nicht nur stiller Beobachter sein zu wollen – und die tiefe Überzeugung, dass ein Jeder von uns einen ganz entscheidenden Einfluss auf die Zukunft der Arbeit hat.

Insbesondere mit den einschneidenden Veränderungen der Coronazeit stellen wir uns öfter die Frage, ob wir wirklich das Richtige tun? Ob der Beruf, für den wir uns in Ausbildung oder

Studium entschieden haben, wirklich der einzig richtige Weg ist? Mehr noch denn je wird geprüft, ob althergebrachte Arbeitsmodelle noch zeitgemäß sind. „Wenn ich könnte, dann würde ich ja …" – das hören wir täglich. Immer wieder kommen wir mit Menschen zusammen, deren Fragen lauter werden:

- Will ich mich auf diesen Weg mein halbes Leben festlegen?
- Passt die Arbeit, die ich tue, zu meinem aktuellen Lebensentwurf?
- Sind all meine Talente, Fähigkeiten und Erfahrungen sinnvoll eingebracht?
- Ist mein Job vor dem Hintergrund der Digitalisierung auch in Zukunft noch sicher?
- Ist allein die finanzielle Entlohnung der Grund, warum ich das tue, was ich tue?
- Ist meine Arbeit das, was ich wirklich, wirklich will?

Fakt ist, wir befinden uns in einer Zeit des Wandels. Der Rahmen, in dem wir bisher gearbeitet haben, aber auch die Art und Weise wie wir unsere Beschäftigung und Arbeit wählen wollen, verändert sich. Wir wünschen uns die Möglichkeit andere, neue Wege zu gehen. Doch unsere Ausbildung, Herkunft, finanzielle Zwänge und die Reglements der Arbeitswelt halten uns im Bestehenden fest. Dabei geht viel Potenzial verloren. Das wollen wir nicht akzeptieren. Denn neue Arbeit passt nicht in alte Muster.

Seit mehr als 10 Jahren arbeiten wir daran, Arbeit und Arbeitskultur auf ein neues Level zu heben, an die Anforderungen der Digitalisierung anzupassen. Am Ende steht für uns eine Welt, in der Menschen die Aufgaben wählen können, die sie selbst und die Gesellschaft wirklich weiterbringen.

Unsere Lösung ist nicht nur Begleiter des Wandels, sondern zugleich Impulsgeber und Gestalter der Zukunft. Sie basiert auf der Grundidee, dass jeder abseits von Vita, Alter, der absolvierten Ausbildung und seiner bisherigen Arbeit, Rolle und Branchenerfahrung, genau DIE Aufgabe finden kann, die Antworten auf all die genannten Fragestellungen gibt.Mit TOMORROW – unserer Zukunftsplattform für ein selbstbestimmtes, wirkungsvolles Arbeitsleben – ebnen wir heute dafür den Weg, auch wenn es erst morgen wirken wird.

(2. Platz story.one Publikumsaward)

Dämmerung im Bällebad

Philipp Maderthaner

Mit der Rutsche ins Bällebad, eine schnelle Tischkicker-Partie, ein Griff ins kostenlose Candy-Buffet und dann ab in die Hängematte: Was klingt wie eine Mischung aus Kindertraum im Möbelhaus und dem perfekten Wochenende wird uns seit Jahren als das Nonplusultra der Unternehmenskultur verkauft. Die US-Giganten machen es vor. Und mal ganz ehrlich: Wer will nicht so sein? Begehrt wie Alphabet (Google), erfolgreich wie Apple, mächtig wie Meta (Facebook). Und weil Kleider ja bekanntlich Leute machen, muss man nicht lange nachdenken, wo es anzusetzen gilt: an der Oberfläche.

Bühne frei für Employer Branding! Lasst uns unsere Arbeitgeber*innen-Marke herausputzen: Flotte Sprüche an die Wand, hübsche Videos ins Netz, ein Leitbild in die Schubladen (da war doch was, oder?) – und fertig ist die Employer Brand. Bereit, um das eigene Unternehmen in den Olymp der besten Arbeitgeber*innen zu befördern. Beliebt, begehrt und heiß umkämpft unter den größten Talenten. Ein Arbeitsplatz, den man nie wieder aufgeben will.

Schön wär's. Spaßbremse ist ausgerechnet eine der größten Legenden der Werbung, David Ogilvy: „Nothing kills a bad product faster than good advertising." Oder wie ich gern sage: Zwischen Schein und Sein darf keine Lücke sein (Nachsatz: sonst stürzt dein kleines Türmchen ein). Das Problem der meisten Unternehmen ist nicht fehlendes Employer Branding. Es ist schlechte (oder gar keine) Führung, es sind nicht gelebte Werte und ein veraltetes Verständnis der Aufgabe von Unternehmen in einer neuen Welt. Das Ergebnis sind Unternehmen, die ihr Potenzial nicht heben. Oder schlimmer noch: Seelisch verwahrloste Zombies, die von Excel-Tabellen und Memos regiert werden. Wo Mitarbeiter*innen beim nächstbesten Angebot die Flucht ergreifen. Keine guten Voraussetzungen für dauerhaften Erfolg oder wenn es darum geht, eine Krise zu überstehen.

Als 2020 eine Pandemie über die Welt hereinbrach, wurde es plötzlich dunkel. Nicht nur in den Bällebädern, auch auf den Bildschirmen. Schwarze Kacheln, wohin man sah. Die Kameras ausgeschaltet, die Mikrofone stumm. Unsicherheit, sich in diesem neuen Rahmen zu bewegen. Fehlendes Vertrauen, um sich zu zeigen. Ein Hauch von unterschwelliger Aggression dort oder da. Alles Ausdruck von Unternehmenskulturen, die ohne ihre Artefakte verloren sind. Wie heißt es so schön: In der Krise zeigt sich der wahre Charakter – von Menschen, aber eben auch von Unternehmen.

Unternehmenskultur ist keine Erfindung aus dem Silicon Valley. Seit Menschengedenken organisieren wir uns in Stammeskulturen. Rund um gemeinsame Werte, Identitäten und Ziele. Echte Unternehmenskultur ist eben was Menschen unter (!) der Oberfläche verbindet, sie erfüllt und ihnen Sicherheit gibt. Sie gibt Kraft, Halt und Orientierung. Sie beantwortet die Frage: Bin ich hier richtig? Das erfordert mehr als ein Kratzen an der Oberfläche. Es ist Führungsaufgabe. Das war es immer. Und das dämmert langsam auch den Chefs im Bällebad.

(3. Platz story.one Publikumsaward)

„Wir sollten an Wohnzimmer, Lagerfeuer, Küchentisch und Turnhalle denken, wenn wir die Orte der Arbeit neu gestalten."

Michael O. Schmutzer

NEW WORK Award Jurymitglied
und Gründer Design Offices, Neue Höfe

New Work

Gerhild Brandhuber

Was geht's mich an, New Work? Verlasse ich doch mit Ende des Jahres, nach 41 Berufsjahren diese Arbeitswelt. Könnte mir alles egal sein! Ist es aber nicht! Erstens bringt es mich zum Nachdenken über meine eigene Arbeitsvergangenheit und zweitens sehe ich viele Jugendliche, die sich mit den Anforderungen schwertun und in vielen Bereichen unsere Unterstützung brauchen.

Warum hat mir meine Arbeit immer Freude bereitet? Ich habe sie an meine Fähigkeiten und Soft Skills angepasst. Dann war es mir wichtig, möglichst selbstbestimmt zu arbeiten und meiner Arbeit einen Sinn zu geben. Waren diese Faktoren nicht mehr gegeben, habe ich den Arbeitsplatz gewechselt – selbst wenn es mit Weiterbildung und zuallererst mit Unsicherheit verbunden war. So wie damals, mit 54 Jahren: die Bedingungen am Arbeitsmarkt stimmten für mich nicht mehr, also habe ich mich selbstständig gemacht. Eine gute Entscheidung, die mir viel Anerkennung gebracht hat. Wenn ich all diese Jahre rückblickend betrachte, war ich eigentlich sehr fortschrittlich, denn das sind Voraussetzungen, die für New Work notwendig sind. Erkennen der eigenen Stärken, Flexibilität, Kreativität und Mut.

Da hat uns auch die Krise 2020 gute Dienste getan, denn sie hat Arbeitnehmer*innen und Arbeitgeber*innen gezeigt, was teilweise möglich ist und wie sich so manches global verschiebt. Wir durften gemeinsam vieles neu denken. Durch die Digitalisierung und neue Produktionsmöglichkeiten werden Arbeitsplätze in Europa wegfallen und sich in die Schwellenländer verschieben. Umgekehrt werden Menschen in Europa sesshaft werden, die Perspektiven brauchen.

Womit können wir hier in Mitteleuropa dann punkten, wenn Arbeitsplätze in der Fertigung wegfallen und vieles die KI übernimmt? Über kurz oder lang werden wir den Wohlstand, der hier bis jetzt über mehrere Schichten verteilt war, nicht mehr halten können. Machen wir uns als Gesellschaft darüber Gedanken? Sind wir visionär? Haben wir die nötige Politik, um uns diesen Herausforderungen zu stellen?

Uns wird in Zukunft gezeigt werden, dass wir mehr in größeren Zusammenhängen denken müssen, als wir es bisher getan haben. Heute schon müssen sich Arbeitgeber*innen ihre Arbeitnehmer*innen selbst ausbilden, weil sie unser Bildungssystem nicht lebensnah genug auf die Beine stellt. Und die jungen Menschen beginnen uns aufzuzeigen, dass für sie die Arbeit nicht mehr Lebensmittelpunkt ist. Dazu kommt die große Herausforderung, wie die Nachfrage und das Angebot von New Work sich auf die gegenseitigen Ansprüche anpassen können. Viele kreative junge Menschen wollen ihre Träume und Visionen in der Arbeitswelt verwirklicht sehen und werden eben Arbeitsfelder überall auf der Welt für sich erschaffen, wenn sie (hier) nicht vorhanden sind.

Meine Vision von New Work aber ist, dass die Natur, der Mensch und die Freude am Tun wieder mehr in den Fokus rücken, denn sind wir nicht dafür auf der Welt?

(4. Platz story.one Publikumsaward)

Vom Großraumbüro zum Blick auf die Pferde

Svenja Reithner

Noch keine sieben Tage ist es her, dass ich mir spontan meinen Arbeitsplatz auf dem Balkon eingerichtet habe. Schwups. Sonnenschirm aufgestellt, Sessel raus, Laptop auf die Oberschenkel, Internetverbindung gecheckt. Juhu, es klappt.

Als ich so in den blauen Himmel und auf die Hügel ringsum blicke, ertappe ich mich bei dem Gedanken an meine angestellte Zeit, die lange vorüber ist – im lauten Großraumbüro, in dem ich irgendwann Kopfhörer aufgesetzt habe, um der permanenten Beschallung zu entgehen und einen kleinen Spiegel neben meinem Bildschirm aufgehängt habe, um mich weniger beobachtet zu fühlen. Das mit dem Spiegel war der Tipp eines Coaches. Im Moment höre ich die Vöglein zwitschern und fühle mich von der Hummel, die sich einen Meter vor mir auf die Holzbrüstung gesetzt hat, beobachtet. Dem unangenehmen Gefühl aus dem Großraumbüro will ich entfliehen. Mein Blick schweift weiter über die grünen Wiesen und sanften Hügel mit ihren dunkelgrünen Bäumen. Vor meinem inneren Auge entsteht das Bild meines künftigen Arbeitsplatzes. Der Balkontraum ist lediglich eine schon fast perfekte Übergangslösung.

Meine Gedanken fliegen zu meinem kleinen Knusperhäuschen. Es ist ein wunderbar warmer und sonniger Sommertag. Die Vögel singen ihre liebsten Lieder, während die Stallkatze mit ihrem Mittagessen um die Ecke biegt. Ich sitze bei selbstgemachter Limonade aus dem Kräutergarten unter meinem großen Sonnenschirm, der mir kühlen Schatten schenkt. Mein Laptop schläft noch. In 20 Minuten ist es so weit, mein nächster Call steht an. Ich freu' mich riesig auf die wunderbare Gruppe, die voller Passion und Motivation ihr Leben mit einem Lachen in die eigenen Hände nimmt. Hol' ich mir noch ein Eis oder schau' ich rasch noch bei den Pferden vorbei? Als könnten sie Gedanken lesen, biegen das Einhorn, der Pegasus und der heilige Bulle um die Ecke und stellen sich ganz knapp an den Koppelzaun und schauen mich mit großen Augen an. Ein Wunder, dass sie bei der Hitze überhaupt freiwillig aus ihrem kühlen Stall kommen. So verlasse auch ich mein kühles Schattenplätzchen und hole mir bei den drei

Fellnasen noch etwas Energie für diesen heißen Tag.

Meine Gedanken kommen wieder im Hier und Jetzt und auf den Hügelrücken an. Ich stehe auf, hole mir ein Eis und warte auf meinen Call – mit dem Wissen, dass alles, was ich sehen kann, zu meiner Realität werden kann.

(5. Platz story.one Publikumsaward)

„Der Award gibt engagierten und gestaltungswilligen Menschen und Organisationen Wertschätzung und Respekt. Das halte ich für wichtig, da unser Leben generell und die Arbeitswelt im Speziellen von Menschen und Organisationen lebt, die an der Gestaltung gesunder UND erfolgreicher Arbeitsbedingungen interessiert sind.“

Dr. Bernd Hufnagl

NEW WORK Award Jurymitglied
und Neurobiologe

Eine Mutter ohne Erfahrung taugt nicht?

Mashup Communications

Für Mona schien der Start ihrer Karriere bevorzustehen. Bei der 26-jährigen Studentin der Wirtschaftspsychologie lief alles nach Plan. Sie gehörte zu den Glücklichen, die Spaß an ihrem Studium hatten, absolvierte ihr erstes Praktikum in einer angesehenen Agentur, führte eine Beziehung mit dem Mann, den sie liebte. Nur noch ihre Bachelorarbeit trennte sie davon, die Karriereleiter zu erklimmen.

Doch dann kam Noah! Er klingelte nicht an ihrer Tür und kündigte sich auch nicht via Mail oder Telefon an. Und doch war Noah gekommen, um zu bleiben. Denn Noah war ein 48 Zentimeter kleines, braunäugiges Baby, ihr Baby – Mona war schwanger. Eine Nachricht, die sich nicht wie ein tragischer Unfall lesen sollte. Mona wollte Mutter werden, eine Familie gründen. Doch hatte die Karriereleiter plötzlich angefangen zu wackeln. Wie könnte sie jemals das Gleiche wie in ihrem Praktikum leisten und gleichzeitig für ihren Sohn präsent sein?

Nach Ende der Elternzeit gingen dutzende Bewerbungen raus, dutzende Absagen kamen zurück. Eine Mutter ohne Berufserfahrung könne man nicht gebrauchen, hieß es in einem Gespräch. Doch genau das war Mona. So räumte sie Polohemden bei P&C ein und schwor der Agenturbranche ab.

Doch dann rief sie ihre Mutter aufgeregt an. Sie hatte im rbb einen Bericht über eine Agentur gesehen, die perfekt zu ihr passen würde. Die CEO, Miriam Rupp, habe erklärt, dass sie auf die Bedürfnisse junger Professionals eingehe. Mona schaute sich den Beitrag an, in dem es darum ging, dass die Mitarbeiter*innen bis zu zwei Monate im Jahr vom Ort ihrer Wahl aus arbeiten zu können. Mona fühlte sich tatsächlich motiviert, noch eine Bewerbung an eine Agentur zu schreiben.

Auch für Nora Feist, zweite CEO und HR-Beauftragte von Mashup Communications, war die Situation eine Neue. Ihr gegenüber saß eine junge Traineeanwärterin, die sich soeben als Mutter eines 1-jährigen Sohnes „geoutet" hatte. Nora verstand, wieso Mona im Bewerbungsschreiben nichts von diesem Umstand erwähnt hatte. Sie war selbst Mutter und wusste, mit welchen Herausforderungen und Vorurteilen sie ständig kämpfen musste. So wusste Nora auch, dass Monas Vorschlag, jeden Tag morgens sechs und abends noch zwei Stunden zu arbeiten, keine Option war und sie ihr kein Traineeship anbieten könnte – nicht in Vollzeit.

Zu sehen, dass eine junge Mutter proaktiv etwas anbietet, was ihr, ihrer Work-Life-Balance und ihrer Familie schaden würde, zeigte Nora schnell, dass sie eine neue Lösung finden musste. Für sie spielten Arbeitszeit und Ausbildungsplan keine Rolle beim Aufsetzen des Vertrages. Vielmehr überzeugte sie die Person, die vor ihr saß. Eine ambitionierte, witzige, kluge, junge Mutter mit ersten Erfahrungen in der Kommunikation und abgeschlossenem Studium.

Wenige Monate später begann Mona, die Karriereleiter mit ihrem Sohn Noah zu erklimmen. Beide hatten, ohne es zu wissen, die erste Geschichte von einer Agentur und einem Teilzeit-Traineeship geschrieben.

(6. Platz story.one Publikumsaward)

Meine Welle

Teresa Kaiser-Schaffer

Ich kann sie sehen.

Klar habe ich mein Ziel vor Augen. Ich muss mir meine Worte genau überlegen, denn ich weiß, dass es darauf ankommt, welche ich wähle. Der eine braucht einfache, verständliche Worte, die andere eine bildreiche Sprache. Jetzt kommt es auf mich an. Nein, nervös bin ich nicht, aber freudig aufgeregt, weil mir bewusst ist, dass es auch heute wieder eine Herausforderung wird. Ob ich es schaffe? Weil ich selbst fasziniert davon bin, bin ich überzeugt: Es wird funktionieren.

Ich steige ins kühle Nass.

Schwungvoll öffne ich die Türe, gehe zu meinem Tisch, lege meine Unterlagen vor mir ab und blicke in 30 Augenpaare, die meinen Blick und meinen Morgengruß mehr oder weniger erwartungsvoll erwidern. Ärmel aufkrempeln und Pobacken zusammenpressen. It's showtime.

Eine milde Brise umspielt mein Gesicht und Wasser spritzt an meinen Beinen hoch.

Ich beginne meine Ausführungen. Zuerst halte ich mich an den Plan, den ich mir überlegt habe. Fest stehe ich auf meinem Surfbrett. Dann schweife ich doch davon ab, weil die Fragezeichen in den Gesichtern meiner Gegenüber immer größer werden. Dazwischen erzähle ich eine kleine Anekdote, die mir spontan in den Sinn kommt. Jetzt muss ich etwas ausholen und erkläre noch einmal die Grundlagen, die offenbar schon in Vergessenheit geraten sind. Still stehen bleiben oder gar sitzen geht dabei gar nicht. Vielmehr artet das tatsächlich in Sport aus, was mein Körper gerade vollführt. Alle Partien sind im Einsatz. Ich fühle mich jetzt wie die Surferin, die auf der perfekten Welle reitet.

Ganz plötzlich kann ich es spüren. Eine Hand aus dem hinteren Drittel erhebt sich zaghaft. „Ist das dann so, dass ich …?“ Yes! Er hat's kapiert. „Ja, genauso ist es!“ Ihn hat die Welle erfasst. Noch etwas beschwingter surfe ich weiter. Der erste Wellenreiter aus den hinteren Reihen hält den Kopf zur Nachbarin. Leise beginnen sie miteinander zu reden. Es dauert ein wenig, bis ich es ganz schwach wahrnehmen kann. Doch es wird immer klarer, während ich mein Programm fortsetze. Auf einmal bin ich mir ganz sicher: Auch die zweite wird von der Welle mitgetragen. „Kann ich dann einfach …?“, fragt die Nachbarin. „Ja! Ganz einfach kannst du das!“

„Ich check’s einfach nicht!“, maunzt ein sonorer Bass missmutig durch den Raum. Sogleich erhebt die zweite Mitgerissene die Stimme: „Du musst nur da … und dann dort oben …!“ Eine Diskussion startet. Ich lege die Fingerkuppen meiner rechten auf die der linken Hand und horche gebannt. Unsere Welle geht durchs Zimmer. Einige lassen sich mittragen. Ich weiß, dass die Welle nicht alle sofort und auf einmal erreichen wird. Manche wird sie vielleicht nur flüchtig streifen – wenn überhaupt. Und dann höre ich den Satz, den ich so sehr liebe: „Des is ja eh gar ned so schwer!“ Zufrieden lächelnd atme ich durch und genieße dieses Gefühl. Ich bin angekommen. Genau solche Erlebnisse sind der Grund dafür, dass ich so gerne Lehrerin bin. Und ja: auch Mathe kann mitreißen!

(7. Platz story.one Publikumsaward)

„Über den Award wandert die Aufmerksamkeit direkt an die Pioniere und Initiatoren, die unsere Arbeitswelt im Positiven verändern. Die Beispiele sind vielseitig und regen zu Austausch und zur Nachahmung an. Und für mich als Trendforscherin ist interessant, welche Themen sich wie entwickeln."

Birgit Gebhardt
NEW WORK Award Jurymitglied und Trendforscherin

Foto: Rebecca Hoppe

⅔, 80/20 und die moderne Art der Sklaverei

David Peter

Zwei Drittel der Menschen würden, wenn sie könnten, ihren Job auf der Stelle an den Nagel hängen! In achtzig Prozent unserer Arbeitszeit erledigen wir zwanzig Prozent unserer Arbeit, was im Umkehrschluss bedeutet, dass wir für achtzig Prozent unserer Aufgaben nur 20 Prozent der am Arbeitsplatz verbrachten Zeit aufwenden. Höchst ineffizient, zumindest auf den ersten Blick. Bei genauerer Betrachtung ändert sich die Perspektive gravierend, denn je länger wir am Arbeitsplatz zeitlich festsitzen, umso größer ist die Wahrscheinlichkeit unproduktiv zu werden. Mit anderen Worten: Wir beschäftigen uns mit allem anderen als mit Arbeit.

Als wäre das alles nicht genug, hat die Arbeitswelt des 21. Jahrhunderts es doch tatsächlich geschafft, dass es ohne Ketten, nur mit der Kraft der psychologischen Kontrolle gelungen ist, dass Menschen Tag für Tag, den Klang des Weckers kaum erwarten können, um einen Ort aufzusuchen, an dem sie die wertvollsten Jahre ihres Lebens verbringen.

Wie kann es sein, dass sich scheinbar gesunde Geister geißeln lassen, sich ihrer Freiheit entziehen oder gar anderen die Entscheidung überlassen, welche Tätigkeit sie ausüben?

Im Laufe meines Berufslebens hatte ich das Glück, eine Vielzahl an Erfahrungen selbst zu machen. Ich durfte mehr als 3.000 Arbeitskolleg*innen bei ihrer Art zu arbeiten zusehen, begab mich insgesamt unter die Kontrolle von 46 Vorgesetzten, bei ebenso vielen Arbeitsstätten, während ich mich immer wieder aus Bespaßungsgründen, irgendwo bewerbe, um eine/m/r Personaler*in zu zeigen, dass er/sie keinerlei Menschenkenntnis besitzt und mich einstellen wird, um ihm/ihr danach wieder abzusagen.

Je länger Unternehmen darauf setzen, Personal aufzunehmen, die laut Lebenslauf in ihr Unternehmen passen, desto größer ist die Gefahr, ungeeignetes Personal zu finden. Die hohe Fluktuation in der heutigen Zeit basiert auf einer Täuschung von Werber und Bewerber, sodass am Ende die Enttäuschung die Oberhand gewinnt. Möchte man das Arbeitsleben neu erfinden und möglichst viele glückliche Unternehmer*innen und Mitarbeiter*innen bekommen, dann ist es unumgänglich, den Verantwortlichen zu lehren, wie Talente erkannt werden und was es bedeutet sie zu fördern. Wie der Mut aufgebracht werden kann, über den sprichwörtlichen Tellerrand zu blicken, Entscheidungen zu treffen, sich eingestehen nicht perfekt zu sein und den gewonnenen Kuchen zusammen zu essen.

Doch eines hab' ich auf all meinen Wegen immer beibehalten: meinen Humor, meine Freiheit und den unbändigen Willen aus jeder Erfahrung einen Nutzen für meine Zukunft zu gewinnen und auf authentische Art das Leben zu zelebrieren. In Anbetracht meiner unzähligen Erfahrungen darf ich mich „Experte" in puncto Arbeitswelt nennen.

Arbeit darf sich nie wie Arbeit anfühlen. Sie muss den Duft der Freiheit in sich tragen, denn: „Wer die Freiheit aufgibt, um Sicherheit zu erlangen, wird am Ende beides verlieren."

(8. Platz story.one Publikumsaward)

For a better working life

Die NEW WORK SE engagiert sich mit ihren Marken, Services und Produkten für eine erfüllendere Arbeitswelt – ‚for a better working life'.

Schon heute erleben wir einen Paradigmenwechsel dessen, was wir „Arbeit" nennen. Der demografische Wandel verschärft den Fachkräftemangel und führt zu einer Verschiebung der Machtverhältnisse zwischen Arbeitgeber*innen und Arbeitnehmer*innen. Die Digitalisierung verändert nicht nur ganze Industrien radikal, sondern ermöglicht es dem Einzelnen, losgelöst von festen Orten und starren Zeiten zu arbeiten. Vor allem in der jungen Generation ist ein Wertewandel, der das Verhältnis von Arbeit und Leben neu bewertet.

Diese Treiber führen schon heute zu radikalen Veränderungen der Arbeitswelt. Die Aktivitäten aller Marken der NEW WORK SE haben das Ziel, die Zukunft der Arbeit im Sinne der Menschen zu gestalten und gleichzeitig Unternehmen dabei zu helfen, noch erfolgreicher zu sein. Durch Mitarbeiter*innen, die genau das tun können, was sie auch wirklich tun wollen.

Mit dem NEW WORK Award zeichnen wir seit 2013 Menschen aus die aus Überzeugung als Individuum, mit ihrer Belegschaft, ihrem Kollegium oder im Team die großartigen Möglichkeiten und dringenden Notwendigkeiten zukünftiger Arbeitswelten erkannt haben und aktiv mitgestalten.

Wir bewundern Menschen, die an eine bessere Zukunft der Arbeit glauben, an Aufgaben, die auch sinnstiftend sind und an den Arbeitsplatz, der motiviert, anstatt zu frustrieren. Wir freuen uns in diesem Buch genau solche Menschen und ihre Projekte vorzustellen. Die Gewinner des NEW WORK Awards 2021!

Wir danken allen Bewerbern für ihre Beiträge, ihre Kreativität und ihr Engagement für eine bessere Zukunft der Arbeit!

Auf dass die Arbeitswelt von morgen zu einer besseren werde.

Mehr Infos unter:
https://nwx.new-work.se

schreib's auf
story.one

Faszination Buch neu erfunden

Viele Menschen hegen den geheimen Wunsch, einmal ihr eigenes Buch zu veröffentlichen. Bisher konnten sich nur wenige Auserwählte diesen Traum erfüllen. Gerade mal 1 Million Autoren gibt es heute - das sind nur 0,0013% der Weltbevölkerung.

Wie publiziert man ein eigenes story.one Buch? Alles, was benötigt wird, ist ein (kostenloser) Account auf story.one. Ein Buch besteht aus zumindest 12 Geschichten, die auf story.one veröffentlicht und dann mit wenigen Clicks angeordnet werden. Und durch eine individuelle ISBN kann jedes Buch dann weltweit bestellt werden.

Jede lange Reise beginnt mit dem ersten Schritt - und dein Buch mit einer ersten Story.

Wo aus Geschichten Bücher werden.
#storyone #livetotell